Anmerkung der Autorin

Liebe Leserin, lieber Leser,

in diesem Büchlein befinden sich Ausdrücke, die in den 60er- und 70er-Jahren verwendet wurden. Dabei werden auch rassistische Stereotype reproduziert. Dieses Buch ist aus der Perspektive eines Kindes geschrieben, das die Begriffe unhinterfragt wiedergibt.
Seit dem Erscheinen 2009 gab es eine wichtige gesellschaftliche Debatte um diskriminierende Sprache. Heute würde ich einige der Bezeichnungen ohne eine kritische Einordnung nicht mehr verwenden.

Isabel Schaffrick, im Juni 2024

Isabel Schaffrick

Schatzkästle

Isabel Schaffrick

Schatzkästle

Kindheitserlebnisse bei den Großeltern

Silberburg-Verlag

Isabel Schaffrick wurde 1962 in Welzheim geboren und hat zwei Kinder. Ihre Kinder- und Jugendzeit verbrachte sie im schwäbischen Wieslauftal. Nach einer Ausbildung zur "Wirtschafterin im ländlichen Bereich" widmete sie sich mehrere Jahre der Anlage und Pflege eines großen Gartens in einem Seminarzentrum im Schwäbisch-Fränkischen Wald. Nach ihrem Umzug ins Breisgau folgte eine Ausbildung in Malerei und einige Jahre Lehrtätigkeit in Kunst, Musik und Textiles Werken. Inzwischen liegt ihr Schwerpunkt bei der Malerei und diversen Kunstprojekten, mit dem Ziel, Malerei mit Musik und mit Literatur in Verbindung zu bringen.

1. Auflage 2009

Umschlaggestaltung:
Christoph Wöhler, Tübingen,
unter Verwendung eines Aquarells
von Isabel Schaffrick.
Alle Aquarelle von Isabel Schaffrick.
Druck: Gulde-Druck, Tübingen.
Printed in Germany.

ISBN 978-3-87407-850-4

Besuchen Sie uns im Internet
und entdecken Sie die Vielfalt
unseres Verlagsprogramms:
www.silberburg.de

Inhalt

Prolog

Das Schönste an der Oma sind ihre Bäckle. Sie sehen aus wie Pfirsiche und fühlen sich auch so an. Wenn ich alt bin, will ich auch solche Bäckle haben. Oma und Opa nennen mich »Belle«. So habe ich auch mein Meerschweinchen getauft. Ich mag es so gern, wenn Oma und Opa mich Belle rufen.

Oma ist vor zwei Jahren gestorben. Opa ein paar Jahre davor. Omas Tod lässt meine Erinnerungen lebendig werden.

Eintauchen in die Welt meiner Kinderseele – eine Entdeckungsreise voller Überraschungen. Längst vergangene, vergessene Erlebnisse, Gedanken, Gefühle und Gerüche erfüllen die Gegenwart.

Zeit verliert ihre Gültigkeit – Ich bin wieder neun Jahre alt und liege im »Gräbele«.

Vergissmeinnicht und tränendes Herz

Ich liege im Gräbele. Mit meinen Zehen spiele ich am Henkel der Bettfläsch. Sie ist noch ein bissle warm und fühlt sich seltsam unter den Füßen an. Morgenlicht scheint auf das große Gemälde von Jesus und seiner Schafherde. Verstohlen beobachte ich Oma: Sie zwängt sich in ihr Kommertle. Ganz fest zieht sie die Schnüre über ihrem großen Bauch fest. Sie seufzt und lupft den Busen hoch und schnürt ihn auch ein. Dann zieht sie den Kittelschurz an, der vorne viele Knöpfe hat. Erst jetzt sieht sie richtig wie Oma aus. Das Gebiss vom Nachttischle ist schon aus dem Wasserglas verschwunden. Oma macht die Schlafzimmertür auf und geht die Stieg ra. Die Holztreppe knarrt laut.

Opa sitzt mit dem Rücken zu mir auf der Bettkante. Er hat sein altes Flanellnachthemd an. Opa zieht sein Holzbein hinter seinem Nachttischle hervor und schnallt es ächzend an. Das Bein hat Tag und Nacht einen schwarzen Schnürstiefel an. Opa erzählt, er hat sein Bein im Krieg verloren. Ich weiß nicht, wie man ein Bein verlieren kann. Aber ich trau mich nicht, ihn danach zu fragen. Opa erzählt nur ganz selten vom Krieg – nur, wenn er zu viel Most getrunken hat. Dann erzählt er von der Kälte in Russland und dass sie die Pferde erschossen und gegessen haben. Ich habe noch nie Pferdefleisch gegessen. Opa sagt, es schmeckt gut. Aber sie konnten dann nicht mehr reiten und mussten zu Fuß durch Russland gehen. Manche Soldaten sogar ohne Schuhe, nur mit Fußlappen. Papa hat mir mal gezeigt, wie man Fußlappen bindet.

Meine Schwester hat einmal das Bein von ihrer Negerpuppe verloren – in Heidelberg auf der Neckarbrücke. Aber das war schon ganz ausgeleiert. Wir haben es dann gesucht, aber jemand hat es gestohlen. Meine Beine sind ganz fest an mir angewachsen, die verliere ich nicht. Ich frage mich: Warum stiehlt jemand ein schwarzes Puppenbein und auch noch das linke?

Schwerer Tritt, leichtes Knarzen, schwerer Tritt, leichtes Knarzen. Opa geht die Stieg ra. Wieder knarrt die Holztreppe. Unten rüttelt Opa jetzt den Ofenrost. Nur Opa kann den Ofen recht schiere. Mit Zeitung, Spächele, Holz und Brikett. Ich spiggl vorsichtig unters Bett, ob im Nachthäfele was drin ist. Dann stier ich in Omas Nachttischle und probier ihr Nachthemd an. Es ist ganz weich und riecht so gut nach Oma. Aus dem Stüble riecht es nach Kaffee. Das Treppengeländer ist ganz glatt. Ich schaffe es, die Treppe ohne ein einziges Knarren herunterzukommen. Die Schiebetür zum Stüble hat ihr eigenes Leben. Die dicken Holzbretter sind weiß gestrichen und der schwarze Eisengriff ist schon ganz abgewetzt. An manchen Stellen blitzt er silbrig. Heute geht die Tür ganz leicht auf, fast ohne Geräusch. Also wird es warm und sonnig. Wenn es regnet, geht die Tür ganz schwer und quietscht ganz fürchterlich. Manchmal ärgere ich mich so über die Tür, dass ich ihr einen Tritt gebe, dann gibt sie nach.

Im Stüble riecht es immer so gut. Ein bissle nach Holz und Feuer, nach Kaffee und frischen Weckle. Es ist gemütlich warm. Opa sitzt am Tischende und liest seine »Bild«. Manchmal liest er auch den »Büttel«. Da steht alles Wichtige vom Dorf drin. Ich rutsche auf die Eckbank. Oma sitzt mir gegenüber auf dem Stuhl, damit sie schnell in die Küche kommt. Opa hat eine große Tasse mit warmer Milch. Er broggt sein Brot immer ein. Manchmal mache ich das auch, obwohl es mir vor dem aufgeweichten Brot graust.

Auf der Fensterbank stehen die Usambaraveilchen. Ihre Blüten leuchten so schön rosa und lila und ich streichle manchmal die Blätter, die ganz weich und samtig sind. An der Wand hängen die Mitbringsel von Omas und Opas Ferienreisen: »Grün ist das Land, rot ist die Kant, weiß ist der Sand, das sind die Farben von Helgoland.« Ich kann alle Sprüchle und Orte auswendig. »I muss halt emmer schaffe«, sagt Opa und geht in seine Werkstatt.

Ich gehe mit Oma in die Küche, direkt neben dem Stüble. Die Küche ist ganz schmal, man kommt fast gar nicht aneinander vorbei. Die Decke in der Küche ist fast noch niedriger als im Stüble und ganz schief. Wenn ich mich auf die Zehenspitzen stelle, kann ich sie schon fast mit den Fingerspitzen berühren. Rechts steht der große Küchentisch, darunter der Holzhocker. Daneben ist die Spüle. Fürs heiße Wasser muss man erst den Boiler einschalten. Ich beobachte, wie das Wasser darin brodelt und lustige Geräusche macht, richtige Wassermusik. Vom Küchenfenster sieht man auf den Hof und auf den Kirschbaum. Wenn ich mich hinausbeuge, kann ich sehen, wer vor der Haustür steht, wenn es klingelt. Unter der Spüle ist der blaue Eimer für die Mischte. Links ist der Kühlschrank, der Gasherd und die Gasflasche. Abends dreht die Oma sie immer zu. Daneben steht der Vorratsschrank und das alte Holzbüfett. Rechts im Büfett, hinterm Türle, das so schwer aufgeht, die Tasse mit Geld. Es ist immer Geld in der Tasse.

Oma spült mit ganz viel Schaum. Beim Abtrocknen kriegt man ihn kaum weg. Hinterher ist der Boden nass und auch ihr Bauch. Das nasse Linoleum glänzt dunkelrot gesprenkelt. Es ist dann viel schöner als trocken.

Oma will heute saugen. Ich hole ihr den Staubsauger aus dem »Ställe«. Das Ställe ist im Stüble gleich neben der Schiebetür. Das Ställetürle klemmt ein bissle. Das Ställe hat einen ganz eigenen Geruch: nach Bohnerwachs, dem dicken, grünen Staubsauger und Schuhputzcreme. Im Ställe kann man sich gut verstecken. Im Ställe sind Omas Putzsachen und das Kratzhändle. Das ist eine kleine, aus Holz geschnitzte Hand mit einem langen Stiel. Man kann sich damit den Buckel kratzen. Das Kratzhändle finde ich unheimlich. Es fühlt sich so lebendig an, wenn es den Buckel kratzt. Wenn ich es dann anschaue, ist es wieder tot. Ich bin froh, dass es im Ställe eingesperrt ist. Ich will es gar nicht so oft sehen. Manchmal hängt es neben dem Ofen über der Holzkiste. Dann sperr ich es schnell wieder ins Ställe.

Vorne hängt das Schlüsselbrettle mit allen Schlüsseln, auch mit dem ganz großen vom Keller. Manchmal spiele ich mit den Schlüsseln und gebe ihnen Namen. Jeder Schlüssel ist anders. Es gibt liebe, lustige, böse und gefährliche Schlüssel. Die Schlüssel haben viel Macht und sind Könige in ihrem Reich.

Ganz hinten im Ställe hängt Opas hölzernes Gewehr am Lederriemen. Ich darf es für ihn herausholen, wenn er Stare schießen will. »Schnell,

schnell, hol mer mei Gwehr, d'Stare sind do.« Ich mag Opas Gewehr und helfe es putzen. Es gibt einen kleinen Lederbeutel mit Bürstchen, Putzmittel und einer Metalldose mit den Schrotkugeln. Die liegen schwer in der Hand. Wenn Opa Stare schießen will, habe ich Angst. Trotzdem schaue ich zu. Er wartet aber immer zu lange mit dem Abdrücken und trifft nie. Ich freue mich für die Stare.

Oma schickt mich in den Garten. Ich hole Peterling und Schnittlauch und ziehe ein paar Radiesle raus. Die rosa Pfingstrosen haben schon ganz weiche Köpfe. Die kleinen dunkelroten sind noch ganz hart. Überall leuchtet das Vergissmeinnicht. Es gibt hellblaues und himmelblaues und ein wenig dunkelblaues Vergissmeinnicht. Das tränende Herz mag ich besonders arg. Ich zähle die kleinen und großen Herzen. Ich suche mir ein Herz aus, das ich bin.

In der Küche riecht es so gut nach dem Gasherd und ich errate am Geruch, dass es Kartoffelschnitz mit Spätzle und Siedfleisch gibt. Also ist es Freitag.

Am Freitagmittag geht Oma immer zum Friedhof, zum Grab von Uroma und Uropa. Ich bin gerne auf dem Friedhof. Dort ist es so still und friedlich. Es gibt große, alte Bäume, viele Blumen und die Vögel zwitschern so schön. Wir jäten ein bissle Unkraut, stellen Blumen aus dem Garten aufs Grab und beten für Uroma. Manchmal gehe ich auch allein zum Friedhof und bringe Uroma Blumen vom Schranneberg. Waldanemonen mag sie am liebsten. Seit Uroma tot ist, muss ich nicht mehr mein weißes Kopftüchle mit den roten Rosen aufsetzen. Manchmal binde ich es trotzdem um. Dann weiß ich, dass sich Uroma im Himmel freut. Als sie gestorben ist, gab es das wunderschönste Abendrot. Da habe ich gewusst, dass sie in den Himmel gekommen ist.

Opa gibt am Freitagmittag immer seinen Lottozettel ab. Wenn ich ihn für Opa wegbringe, bekomme ich 50 Pfennig. Manchmal hat er ein nagelneues Fuffzgerle. Die Fuffzgerle sind mir von allen Geldstücken die liebsten. Weil sie so silbrig glänzen. Und die Frau so wunderschön ist, die das Bäumle pflanzt. Ich stell mir vor, dass ich die Frau auf dem Fuffzgerle bin.

Opa füllt seinen Lottozettel immer mit dem Kugelschreiber aus. Der liegt auf der Eckbank. Auf dem Kugelschreiber ist eine Frau im Badeanzug. Wenn man ihn aufrecht hält, geht der Badeanzug nach unten und man sieht den Busen. Ich genier' mich dann immer ein bissle. Aber der Opa guckt gar nicht genau hin. Abends spiel ich oft Ball im Hof. Wenn es dunkel wird, ruft Opa: »Der Nachtgrabb kommt! Der packt de am Schlawittle!« Da renne ich schnell ins Haus.

Breschtling und Spargel

Endlich sind die Erdbeeren reif. Oma sagt Breschtling dazu. Ich darf, wann ich will, ins Erdbeerbeet. Und die Beeren gleich im Garten essen. Sie sind noch ganz warm von der Sonne und duften so gut. Erich bringt ganze Körbe voller Breschtlinge. Daraus kocht Oma Marmelade. Erich ist der Arbeiter von Opa. Er ist groß und dick und hat ein Goggomobil. Ich staune jedes Mal, dass er überhaupt hineinpasst. Und dann auch noch die Breschtlinge!

Die Verwandtschaft aus Reilingen kommt einmal im Jahr und bringt Spargel. Die ganze Badewanne ist dann voller Spargel. Wir schälen den ganzen Tag und frieren ihn ein. An alle Onkel und Tanten wird Spargel verteilt. Ich mag keinen Spargel. Er ist so bleich wie der Tod und die Schalen riechen so seltsam.

Oma hat viele Sträucher und einen Baum im Garten. Das ist ein Weidenbaum. Im Frühling bekommt er kleine und große Weidenkätzchen. Ich baue ein Neschtle für meine »Kätzle« und spiele mit ihnen. Manchmal ist oben im Weidenbaum ein Vogelnest. Manchmal sind auch Eier drin, ganz gesprenkelte. Man kann gut auf den Weidenbaum klettern.

Als Erstes im Frühling blühen die Forsythien. Das ist der einzige Busch, der mir nicht so gefällt. Er ist gelb vor Neid. Warum, weiß ich auch nicht. Im Sommer kann man dafür gut unter seinen Zweigen sit-

zen. Da hat er schöne, grüne Blätter und ich mache mir Peitschen aus seinen Zweigen, die sind ganz biegsam. Vom Holunder macht Oma mit den Blüten Holunderküchle und im Herbst Saft. Der Holunder macht einen gesund.

Am liebsten habe ich den Flieder. Der duftet ganz weit. Manchmal versuche ich mit geschlossenen Augen, den Flieder nur am Geruch zu finden. Den Schneeballenbusch finde ich auch ganz schön. Manchmal spiele ich mit den Bällchen und rolle sie vorsichtig im Gras. Das geht aber nur, wenn das Gras ganz kurz ist.

Der Garten gehört eigentlich der Oma und mir. Der Opa kommt nur zum Umschore im Herbst. Mit dem lauten Mäher mäht er den Rasen und mit der Sense das Gras unter den Beerenbüschen. Für die Bohnen stellt er die Stangen auf. Sonst geht Opa nie in den Garten. Oma bringt mir alles im Garten bei. Ich darf ihr beim Säen und Pflanzen helfen. Wir kaufen Setzlinge und ich erkenne gleich, welche stark und gesund sind. Jede Samensorte sieht anders aus und fühlt sich anders an. Die Bohnenkerne von den Feuerbohnen haben ganz viele verschiedene Gesichter. Ich darf ein paar zum Spielen behalten.

Mit dem Löwenzahn kann man auch gut spielen. Der macht alles mit, nur verklebt er mir die Hände. Ich reiße ihm den gelben Kopf ab und habe jetzt das Röhrle. Die Löwenzahnmilch ist ganz klebrig. Das ist sein Blut. Nur ist es weiß und nicht rot wie bei mir. Die Röhrle ritze ich mit dem Finger ein und lege sie in eine Pfütze. Dort rollen sie sich wunderschön. Später verwandelt sich der Löwenzahn und bekommt Schirmle. Ich puste sie weit übers Land. Die Schirmle fliegen so weit, bis ich sie nicht mehr sehen kann. Die Schirmle fliegen vielleicht bis Torremolinos. Auch mit den Löwenmäulchen kann man gut spielen. Wenn man sie an der Seite drückt, sperren sie ihr Mäulchen auf.

Wenn der Kuckuck ruft, weiß man, wie viele Jahre man noch leben wird. Wenn der Kuckuck ruft und man rappelt mit dem Geld im Geldbeitel, wird er nie leer. Ich höre den Kuckuck oft, aber mein Geldbeitele rappelt nicht. Ich gebe alles immer gleich aus. Auf jeden Fall werde ich alt. Das hat der Kuckuck gesagt und der ist kein Lugebeitel.

Manchmal, wenn es ein bissle windig ist, spiele ich mit den Bäumen und Blumen und dem Wind: »Wer raschelt?« Ich muss die Augen ganz fest zumachen. Dann raschelt der Wind an irgendeiner Pflanze besonders laut. Ich muss dann erraten, welche es war. Beim zweiten Mal darf ich die Augen aufmachen und gucken, ob ich richtig geraten habe. Jede Pflanze hat einen ganz eigenen Raschelton. Die Kapseln vom Mohn und von den Jungferle nehme ich als Rasseln.

Mein kleiner Bruder hat eine Schmetterlingssammlung. Die finde ich gleichzeitig schön und grausig. Er hat ein Büchle, in dem alle Schmetterlinge drin sind. Er kann noch nicht lesen und ich sage ihm die Namen vor. Mittags rennt er mit dem Schmetterlingsnetz und dem Betäubungs- und Tötungsmittel für die Schmetterlinge los. Ganz wild jagt er die Schmetterlinge. Daheim spießt er sie dann mit Nadeln auf.

Ich kann keine Tiere töten, außer Schnaken. Aber die wollen auch mein Blut trinken. Zum Glück hat es bei Oma nur ganz selten einen

Schnak. Oma und Opa haben Muggebatscher und Fliegestreife. Da kleben dann die toten Mugge dran. Die neuen Streifen hänge ich gerne auf. Sie haben einen ganz besonderen Geruch und verkleben mir die Finger. Die alten muss Oma wegmachen. Da graust es mir.

Ich mag die Schmetterlinge so gerne. Ich könnte sie nie töten und aufspießen. Im Garten gibt es viele Schmetterlinge: Kohlweißling, Bläuling, kleiner Fuchs, Admiral, Pfauenauge, Zitronenfalter. Manchmal spiele ich »unsichtbar sein« und hocke ganz, ganz still unterm Weidenkätzchenbaum oder unterm Flieder. Dann setzt sich manchmal ein Schmetterling auf mich und ich kann ihn ganz genau beobachten. Er hat ganz zarte Fühler, die sieht man sonst gar nicht, wenn er fliegt. Ich weiß, wie sich die Schmetterlinge verwandeln. Die Raupen sind auch in dem Buch. Bei Oma im Garten finde ich oft Raupen. Meistens bei den Brennnesseln im verwilderten Eck. Es gibt ganz kleine grüne glatte und große haarige. Die fühlen sich in der Hand besonders seltsam an. Manchmal mache ich eine Käfer- und Raupensammlung. Die lasse ich aber noch am gleichen Tag frei.

Ich glaube, dass die Schmetterlinge wie die Engel sind: Sie haben wunderschöne Kleider, aber keine Haut, kein Fell, keine Federn und kein Skelett und auch keine Gräten. Sie haben nur sich selbst und nichts darunter. Sie fliegen in der Luft und am Himmel und sind wunderschön. Sie sind ganz sanft und leicht und haben kein Gewicht. Sie kommen und gehen, wie sie wollen. Niemand weiß, wo sie schlafen. Manchmal sind sie da, und manchmal sind sie weg. Sie haben keine Stimme und machen keine Geräusche. Doch sie sprechen trotzdem zu mir. Sie machen mich froh und glücklich. Sie tanzen in der Luft. Sie sind immer zufrieden und lieben die

Blumen. Was sie berühren, zittert nicht einmal, aber ich spüre es, wenn sie da sind. Schmetterlinge sind leicht und fein und berühren alles nur sehr sanft. Dann weiß ich, dass ich nicht alleine bin. Die Schmetterlinge und die Engel machen das Herz ganz leicht und froh.

Im Garten hat es viele Käfer. Die Marienkäfer hab ich am liebsten. Sie bleiben lange auf der Hand. Wenn man ihre Punkte zählt, weiß man, wie viele Jahre sie alt sind. Es gibt gelbe, orange und rote Marienkäfer. Es sieht so schön aus, wenn sie losfliegen. Da sieht man noch ganz feine versteckte Flügel unter den oberen.

Maikäfer hat es nur ganz selten. Sie sind mir unheimlich, weil sie so laut brummen. Der Engerling vom Maikäfer sieht eklig aus. Oma wirft die Engerlinge immer auf die Mischte, wenn sie welche findet. Ich lange die Engerlinge nicht an. Der Kartoffelkäfer frisst alles ab, aber er sieht sehr schön aus. So klein und rund und gestreift. Jeder Käfer sieht ein bissle anders aus und hat andere Streifen.

Dann hat es noch Mistkäfer, die leuchten grün-blau und glänzen. Die Feuerkäfer stinken und hocken in ganzen Haufen aufeinander. Einmal habe ich einen toten Hirschkäfer gefunden, aber das war im Wald. Uroma hat mir gelernt, dass man keine Spinnen töten darf. Wenn man eine Spinne tötet, kommen sieben neue dafür. Oma hält sich nicht daran. Sie fegt mit dem Spinnewedel die Spinnen einfach fort. Deshalb hat sie auch so viele.

Es gibt noch ein Tier, das heißt Habergeiß. Es hat lange dünne Beine und rennt schnell vor dem Spinnewedel davon. Die Spinnen weben viel schönere Netze als die Habergeißen. Im Herbst glitzern die Spinnennetze wunderschön. Die Spinnen haben viel Geduld. Sie warten ganz still, bis eine Fliege im Netz ist. Dann rennen sie los und wickeln sie ganz schnell ein. Die Fliegen wehren sich am Anfang, doch dann machen sie keinen Mucks mehr.

Opa macht fast nie was in der Küche. Oma sagt, er kann nicht mal Wasser kochen. Aber er kann etwas, was sonst keiner kann: Wenn die Rettiche reif sind, gibt es zum Vesper Rettich mit Schnittlauchbrot und Griebeschmalzbrot. Opa schneidet den Rettich ganz fein ein, so dass man ihn wie eine Ziehharmonika auseinanderziehen kann. Ich mache mit dem Rettich ein bissle Musik, bevor Opa ihn mit Salz bestreut und verteilt. Der Rettich schmeckt scharf. Ich bekomme Tränen in die Augen. Aber er hat eine wunderschöne Farbe: Außen rosarot und innen weiß. Die Farbe und die Tränen erinnern mich an das tränende Herz. Die Blume wächst über der Erde, der Rettich unter der Erde. Das ist ein richtiges Wunder. Oft singe ich jetzt: »Geh aus mein Herz und suche Freud«. Ich kann alle Strophen.

Noch besser als die Breschtlinge im Garten schmecken die kleinen Walderdbeeren. Sie wachsen hinter dem alten Häusle von Uroma. Das Häusle steht im Hof von Oma und Opa. Manchmal wohnt ein Onkel oder eine Tante darin. Jetzt steht es leer. Eine Treppe führt zum Häusle. Sie ist geschwungen und hat ein eisernes Geländer, an dem man gut turnen kann. »Fall mer bloß net ra!«, sagt Oma immer, wenn ich dort spiele. Hinter Uromas Häusle gibt es einen großen Stein. Der ist im Sommer ganz warm und ich kann darauf sitzen, mich anlehnen und einfach »weg sein« spielen. Wenn Oma mich dann ruft, antworte ich nicht. Wenn ich ganz still sitze, kommen manchmal Eidechsen auf den Stein. Die Eidechsen sind wunderschön und haben ganz verschiedene Farben. Wenn ich mich nur ein bissle bewege, sind sie gleich wieder weg.

Gleich nebenan ist die Mischte vom Metzger. Schweineborsten liegen dort. Wenn es heiß ist, stinken sie. Auf der anderen Seite wächst seltsames grünes Kraut. Opa und Erich pinkeln dort immer hin. Mich entdecken sie nie auf dem Stein. Neben dem seltsamen grünen Kraut sind die Hasenställe. Manchmal esse ich ein bissle Hasenfutter. Es schmeckt ganz trocken nach Mais und Staub. Man braucht viel Spucke, bis man es geschluckt hat. Die Hasen sind sehr schön. Sie haben alle möglichen Farben. Am liebsten habe ich die jungen Häsle. Am Anfang sind sie ganz nackt, dann bekommen sie Fell und werden ganz niedlich und zahm. Es gibt scheue und zutrauliche Hasen. Manche Hasen lassen sich dressieren und springen durch Türen und Fenster, die ich mit meiner Schwester in Pappkartons geschnitten habe. Ab und zu gibt es Hasenbraten. Opa kann die Hasen nicht töten. Das macht Erich vor der Werkstattwand. Er zieht die Hasen auch ab. Ich bin immer traurig, wenn ein Hase geschlachtet wird. Der Hasenbraten schmeckt mir trotzdem.

Von meinem Stein aus habe ich Erich einmal heimlich beobachtet. Er nimmt den Hasen ganz still aus dem Stall. Dann zieht er ihn ganz lang – oben an den Ohren und unten an den Füßen. Es gibt einen leisen Knacks und der Has' macht keinen Mucks mehr. Das Blut vor der Werkstatttür macht einen dunklen Fleck und ist noch wochenlang zu sehen. Ich pass immer auf, dass ich nicht drauftrete. Ich bekreuzige mich, wenn ich über den Blutfleck steige, obwohl ich nicht katholisch bin. Meinen Lieblingshasen habe ich nicht gegessen. Oma hat das verstanden. Sonst muss ich immer alles essen, was auf den Tisch kommt. »Sei net schleckig«, sagt Oma nur. Manchmal verstecke ich Sachen in den Backen wie ein Hamster und spucke sie später auf die Miste, wenn Oma es nicht sieht.

Träuble und Stachelbeeren

Jetzt sind die Beeren reif. Hinten im Garten ist das Gras ganz verwildert. Opa muss erst mähen, bevor wir die Träuble pflücken können. Es gibt rote und schwarze Träuble. Aus den roten macht Oma Gelee, aus den schwarzen Saft. Er schmeckt bitter, aber er hat eine schöne Farbe. Oma macht auch Holundersaft. Den bekomme ich im Winter, wenn ich Fieber habe. Oma macht ihn dann heiß mit Honig. Holundersaft hilft bei Fieber. Ich trinke ihn gerne.

Die Himbeeren haben manchmal Würmer. Ich schaue zuerst in die Beeren, bevor ich sie esse. Die wurmigen werfe ich über den Zaun zum Nachbarn. Der hat einen bösen Hund, der immer bellt, wenn ich in den Garten gehe. Er ist ganz schwarz und guckt böse.

Die Stachelbeeren mag ich gerne. Manche sind ganz prall, andere sind weich und pelzig. Auf der Beerenhaut kaue ich herum, dann spucke ich sie aus. Es gibt Beeren mit großen und mit kleinen Kernchen. Die großen kann man weit spucken, die kleinen schlucke ich einfach mit.

Hinter den Beerensträuchern ist ein verwildertes Eck. Opa mäht dort nicht ordentlich mit der Sense und manchmal stechen mich die Brennnesseln. Auch die Brombeeren wachsen dort. Wenn sie noch rot sind, sind sie so sauer, dass sich der Mund innen zusammenzieht. Aus den ganz dunklen kocht Oma Brombeergsälz.

Im verwilderten Eck richten meine Schwester und ich einen Tierfriedhof ein. Wir haben dort eine Amsel, einen Spatz und zwei Mäuse beerdigt. Die Gräber haben Kreuze aus Spächele. Ich schmücke sie oft mit Blumen.

Im Garten gibt es viele »Linge« – aber ich weiß nicht, was ein »Ling« eigentlich ist. Ich muss es herausfinden! Engerling – Setzling – Sperling – Peterling – Breschtling – Schmetterling – Pfifferling.

Das sind alles Tiere und Pflanzen. Es gibt aber auch Schimpfwörter: Kümmerling – Winzling – Feigling – Schwächling – Empfindsling … und gute Wörter wie: Zwilling – Drilling – Liebling – Däumling.

Oma bringt ihr Geld zur »Darlingskass«. Mein rotes Sparbüchle ist auch von dort. Ich sage mir alle Wörter vor, die ich mit »Ling« kenne – es sind ganz viele.

Ich habe Oma überredet, dass ich das »Beenekämmerle« für mich alleine haben kann. Davor hab ich ja in dem alten Bett vom Uropa geschlafen, der darin gestorben ist. Da hat's mir immer gegraust. Ich habe jeden Abend Angst, alleine über die Beene zu gehen – aber zum Glück ist im Kämmerle noch nie jemand gestorben.

Ich habe ein eigenes Waschbecken mit Boiler und aus dem Fenster sehe ich die alten Dächer. Oft sitzen Katzen dort. Im Kämmerle ist eine Truhe, in der Oma ihre Reiseprospekte sammelt. Ich lese oft am Abend darin und stelle mir die fremden Länder vor. Ich will später auch viele Reisen machen.

Oma legt mir ein Nesthäkchenbuch aufs Nachttischle. Wenn ich es ausgelesen habe, gibt es die nächste Folge. Ich liege im Bett, lese »Nesthäkchen« und nuckle an einem Underbergfläschle. Als die Mama das erfährt, gibt es keinen »Underberg« mehr – Oma hält das für übertrieben: »Des isch doch Medizin und gut für de Mage.«

Wenn ich in mein Kämmerle will, muss ich ja durch die Beene gehen. Es gibt die Beene und die Oberbeene. Auf der Beene hebt Oma alles Mögliche auf, auch einen alten Kinderwagen, den man noch richtig schieben kann. Im Schrank sind alte Prothesen vom Opa, die sind mir unheimlich. Sie haben auch keine Schuhe an! Es gibt auch eine kleine Puppenküche mit Wasserhahn und Puppengeschirr aus echtem Porzellan.

Von der Beene führt eine steile Treppe zur Oberbeene. »Bass mer bloß uff, net dass d' ronderhagelschd«, ruft Oma jedes Mal. Dort oben ist es im Sommer, wenn ich hinaufgehe, sehr heiß. An manchen Stellen sind die Dielen morsch. Es gibt statt einem Fenster einen hellgrünen Holzladen, den ich öffnen kann. Weit unter mir ist der Hof. Neben dem Fensterladen ist ein leeres Wespennest. Es zerbröselt, als ich es berühre. Auf der Oberbeene ist es ganz still. An manchen Stellen im Dach hat es Ritzen. Wenn die Sonne scheint, tanzen die Staubkörner in den Sonnenstrahlen. Die Zeit auf der Oberbeene vergeht ganz langsam.

Mein Kämmerle ist ganz klein. Die Decke ist schräg und es passt grad das Bett, das Waschbecken und die Truhe mit den Reiseprospekten hinein. Aber ich habe es ganz für mich alleine.

Vor dem Kämmerle ist ein Blechdach. Wenn es regnet, höre ich jeden Tropfen. Ich mag den Regen auf dem Blechdach. Nachts machen die Katzen oft ein großes Geschrei. Wenn ich eine Katze wäre, würde ich mich auf jeden Fall in den schwarzen Kater mit den zwei weißen Vorderpfoten und der einen weißen Hinterpfote verlieben. Vorne hat er einen kleinen weißen Brustfleck. Ich gebe ihm einen Namen, den ich niemandem verrate. Ich bin immer froh, wenn der Kater auf dem Dach sitzt.

Russemusik

Im Sommer verwandelt sich Oma. Sie zieht ihren Kittelschurz aus und ihre schönen, bunten Seidenkleider an. Oma und Opa gehen auf Kreuzfahrt – oder fliegen nach Teneriffa – oder fahren nach Sylt – oder zur Kur nach Bad Reichenhall. Ich hebe alle Urlaubskarten auf. Es steht immer das Gleiche drauf: »Liebe Grüße von Oma und Opa«. Vorne sind die Karten ganz verschieden. Am schönsten ist die mit der Spanierin. Sie hat einen Rock aus echtem Stoff und einen Fächer. Wenn Oma und Opa zurück sind, sagen sie: »Schee isch's gwä«.

Oma zieht ihren Kittelschurz an und Opa geht in die Werkstatt. »Warm heit!«, sagt Opa immer im Sommer. Wir hocken im Hof und schwätzed. Ich darf mir beim »Schaale Beck« ein Eis zum Schlecka holen. Morgen graben wir die Grombiera aus, das sind Kartoffeln.

Oma sagt oft: »Wenn dr Vadder mol dod isch, ...«, dann geht sie auf Reisen. Oder zieht nach Stuttgart oder geht ins Konzert. Das sagt sie, auch wenn der Opa direkt danebensitzt. Der Opa verreist nicht gerne. Aber die Oma zwingt ihn einmal im Jahr dazu. Er kann die guten Kleider nicht leiden. Daheim hat er immer seine alte, blaue Latzhose und den blauen Kittel an. Beim Essen schlürft er ganz laut die Supp und braucht sein Maggi. Er schüttet ganz viel Maggi in jedes Essen, noch bevor er es probiert hat. In den Hotels hat es kein Maggi und das Essen schmeckt ihm dann nicht. Schlürfen darf er dort auch nicht. Moscht gibt es auch keinen. Und einbroggen darf er auch nichts. Der Opa hat nichts dagegen, dass die Oma überlebt. Dann muss er wenigstens nicht überallhin mit.

Ich stelle mir vor, was ich von Opa und der Oma einmal erben will, wenn sie tot sind. Von Opa will ich nur den Spazierstock, mit den vielen kleinen Metallbildchen, die er von der Kur mitbringt und dann draufnagelt. Die Orte fangen fast alle mit »Bad« an. Bad Tölz, Bad Reichenhall, Bad Krozingen, Baden-Baden. Wenn der Opa von der Kur erzählt, hören sich die Orte ganz anders an: »Bad Delz, Reichahall, Krozinga, Baade-Baade«. Von der Oma will ich ihr goldenes Armband mit den goldenen Münzen erben. Und den Brillantring. Und dann noch die Stempel und das Stempelkissen aus der Tischschublade im Stüble.

Der Opa schafft nur draußen im Hof und in der Werkstatt. Die Oma macht das »Birro«. Das Birro passt in die große Schublade vom Esstisch im Stüble. Aber wenn Oma alles herausgeholt hat, ist der ganze Tisch voll. Sie stöhnt immer, wenn sie das Birro macht. Mann muss ganz gut aufpassen, dass einem keine Fehler passieren bei den Rechnungen, Überweisungen und Mahnungen. Bei Mahnungen stöhnt Oma am meisten. Da gibt es nichts Vorgedrucktes und sie muss alles selber schreiben. Sie darf auch nicht richtig böse schreiben, weil sonst die Leute keine Pfosten oder Scherenzäune mehr kaufen. Oma hat eine altmodische Schrift und schreibt ganz langsam. Ich darf die Briefmarken aufkleben und den Stempel mit Omas Adresse draufstempeln. Die Stempel sind so schön! Ganz alt und aus Holz und hängen an einem kleinen Holzständer.

Meine Schwester und ich nehmen manchmal die Hasen mit in den Garten. Dort können sie rumhoppeln und fressen. Am Scherenzaun blühen jetzt die Rosen. Manchmal haut ein Has' ab und versteckt sich unter den Rosen. Der Has' kratzt, die Rosen kratzen, ich könnt dem Has' vor Wut die Augen auskratzen. Ich sag dem Has', dass er geschlachtet wird, wenn er nicht rauskommt. Da gibt er nach und lässt sich einfangen. Ich schäme mich ein bissle vor dem Has'.

Oben neben dem Schlafzimmer ist die Tür zur »Veranda«: Der Boden ist aus Blech und im Sommer so heiß, dass ich nicht barfuß drauftreten kann. Manchmal spielen meine Schwester und ich dort mit den Hasen. Oma schimpft, weil die Hasen ihre Topfpflanzen und »Kaktusse« abgefressen haben. Die Oma hat viele Pflanzen aus fremden Ländern, sie bringt immer Ableger vom Urlaub mit. Am Sonnenschirm klammern wir mit Wäscheklammern Leintücher fest. Wir haben dann ein Zelt, in dem es dunkel und kühl ist. Die Hasen mögen das auch. Von der Veranda hat man einen schönen Blick über das Dorf. Ich sehe alles und keiner sieht mich.

Bei Oma und Opa darf ich im Sommer ganz lange wach bleiben. Wenn es warm ist, sitzen wir auf der Veranda. Von der Veranda aus kann ich ganz weit übers Land gucken. Ich sehe die »Wieslauf«, Wiesen und Felder. Der Himmel ist ganz nah. Auf den Delegrafemaschde versammeln sich die Schwalben. Es ist schwer, sie zu zählen, weil immer wieder eine wegfliegt oder neue dazusitzen. Es sind mindestens hundertzwölf.

Am Abend kommen die Fledermeis. Ich stelle mir den Nachtgrabb wie eine riesige Fledermaus vor. Manchmal sehen die Wolken wie der Nachtgrabb aus. Das ist so unheimlich, dass ich schnell in mein Beenekämmerle renne und das Licht anschalte. Vor Licht hat der Nachtgrabb Angst und traut sich nicht näher.

Oma sagt oft: »Mei Belle isch so still. Von dem hert mer dr ganz Dag kaum äbbes.« Ich bin aber gar nicht ganz still. Ich singe mir in mir drin alle Lieder vor, die ich aus dem Gesangbuch und vom Religionsunterricht kenne. Morgens singe ich »Die güldne Sonne, voll Freud und Wonne …«.

Wenn ich auf der Veranda bin, beobachte ich den Habicht und die Turmfalken. Die wohnen oben in der Kirche und sind pfeilschnell. Manchmal »rütteln« sie in der Luft, bevor sie sich nach unten stürzen. Der Habicht ist so wunderschön. Ich stelle mir vor, dass ich wie der Habicht fliegen kann und meine Kreise in der Luft ziehe. Wenn ich den Habicht sehe, singe ich immer: »Lobe den Herren, den mächtigen König der Ehren«. Die zweite Strophe geht so: »Lobe den Herren, der alles so herrlich regieret, der dich auf Adelers Fittichen sicher geführet, der dich erhält, wie es dir selber gefällt, hast du nicht dieses verspüret.« Was für den Adler gilt, gilt sicher auch für den Habicht. Bei uns gibt es ja keine Adler mehr.

Besonders schön ist es auf der Veranda am Abend, wenn das Abendrot kommt. Oder wenn Gewitter ist, dann kann ich die Blitze beobachten und zählen, bis der Donner kommt. Jede Sekunde ist ein Kilometer. Da weiß ich, wie weit es entfernt ist. Manchmal ist wunderschönes Abendlicht und goldene Strahlen fallen von einer Stelle vom Himmel auf die

Erde. Das ist dann Gottes Auge, mit dem er auf die Erde schaut. Wenn es regnet, setze ich mich unters Dächle über der Bank. Da trommelt der Regen ganz laut und ich bleib trocken. Am Abend und in der Nacht singe ich dann: »Himmels-Au, licht und blau, wie viel zählst du Sternlein?« oder »Weißt du, wie viel Sternlein stehen« oder »Der Mond ist aufgegangen«. Wenn die Kirchturmuhr am Abend schlägt, singe ich: »Hört ihr Herrn ...«.

Oma sagt, ich sei ein »Stiermichl«, weil ich überall rumstöbere und genau weiß, wo alle Sachen sind. Sie verlegt oft etwas und ich finde es ganz schnell wieder. Beim Rumstiere entdecke ich oft Geheimnisse. Seltsame Sachen, die es sonst gar nicht gibt. Die besten Sachen sind auf der Bühne. Da hat es eine ganze Wand mit hohen Regalen. Oma hat darin die Reisekoffer, den Entsafter, den Einmachkessel und altes Geschirr. Die anderen Sachen sind in Kisten versteckt, die ich vorziehen muss und wo der Deckel so schwer aufgeht. Ich muss ja auch immer erst auf den Hocker steigen, damit ich überhaupt drankomme. Der Hocker wackelt immer ein bissle, weil der Boden von der Beene so krumm ist. »Bass mer bloß uff, dass dr nex auf dr Kopf fallt«, sagt Oma zu mir.

In dem alten Holzschrank, bei dem die Tür klemmt, sind noch Sachen vom Krieg, als Opa Soldat war. Sein Brotbeitel ist darin, das ist eine alte, verfleckte Tasche mit Lederriemen und Metallringen. Die Flecken haben eine Farbe wie Roschd. Ich glaube, dass es Blut ist. Das ist doch grauslig, Brot aus einer Tasche zu essen, wo Blut dran ist. Es hat auch eine Feldflasch' zum Umhängen, die ist ganz zerbeult. Da war das Wasser drin. Sie stinkt, wenn man sie aufdreht und dran riecht. Aus der hätte ich auch nicht trinken wollen. Dann hat es noch eine alte, kratzige, graugrüne Decke. In der musste der Opa im Krieg schlafen. Damit lagen die Soldaten im »Schitzegrabe« und haben auf »dr Russ gschosse«. Ich kenne nur einen Russen; der heißt Ivan Rebroff und hat eine ganz tiefe Stimme. Oma hat eine Langspielplatte von ihm. »Soo, hersch wieder Russemusik«, sagt Opa dann. Die Russenmusik ist wunderschön, besonders die langsame. In meinem Lieblingslied singt er von der Sehnsucht und der Balalaika. Da singe ich immer ganz laut mit, bis ich innen drin ganz bebe.

Lugebeitel

Oma und Opa haben ein Gütle, das »Jungholz«. Da gibt es Äpfel und Birnen, Zwetschgen und Nüsse. Und die Birken. Die sind wunderschön. In der kleinen Hütte sind Handwerksachen und Säcke. Wir schütteln die Apfelstämme und sammeln die Äpfel. Wir bringen die vollen Apfelsäcke zum Mosten. Den Most holt Opa jeden Abend im Krügle aus dem Keller. Manchmal schwankt er dabei. Opa trinkt viel Most – jeden Abend vor dem Fernseher. Im Keller riecht es modrig und es ist kalt. Das Gsälz steht auf den Regalen und das Mostfässle steht im Eck. Im Keller hat es manchmal riesige Spinnen. Der schwarze Lichtschalter ist hinter der Türe. Er lässt sich nur schwer drehen, und ich komme nur auf Zehenspitzen an ihn heran. Ich habe immer Angst, dass mich hinter der Tür jemand packt – oder mich einschließt. Aber das passiert zum Glück nie.

Punkt zwölf, wenn die Kirchenuhr schlägt, hat Oma das Essen fertig. Heute gibt es Linsen, Spätzle und Seidenwürstle. Sie heißen so, weil ihre Haut so seidig ist. Das ist mein Lieblingsessen. Opa sagt jeden Mittag »Mahlzeit«, wenn er zum Essen kommt. Zum Nachtisch gibt es »Fürst-Pückler-Eis«. Das hole ich aus der Gfriere. Die Gefriertruhe ist ganz hinten in der Werkstatt. Sie ist immer voll und ich wühle lange darin herum, bis ich das Eis finde. Meine Hände sind ganz kalt und die Gfriere brummt so laut. Die Werkstatttür ist groß und schwer. Mit den kalten

Fingern kann ich kaum den großen Schlüssel umdrehen. Aber man muss immer zuschließen, wegen den Katzen. Sie scheißen sonst aufs Holz, und da wird der Opa »fuxdeifelswild«.

In der Werkstatt ist auch die »Speehütte«. Dort sind die Rindenstücke und Sägespäne von den Pfosten. Wir spielen manchmal in der Speehütte. Der Holzstaub juckt auf der Haut und beißt im Hals. Wenn man sich auf die Holzspäne fallen lässt, staubt es, aber man fällt weich. Die Späne kratzen an den nackten Beinen. Oma sieht immer, wenn ich in der Speehütte war, obwohl ich mich hinterher ausklopfe. Ich muss dann immer baden – sogar wenn es nicht Samstag ist. Wenn man in die Speehütte will, muss man durch ein Holztürle klettern. Das ist weit über dem Boden und für die Füße gibt es nur zwei ganz schmale Leisten. Die Holzspäne werden durch ein Ofenrohr von der »Räbblmaschee« direkt in die Speehütte geblasen. Da kommt das Rohr dann wieder raus. Es ist ganz alt und roschdig und hat scharfe Kanten. »Bass mer bloß mit dem Rohr uff, von dem kriegschd Blutvergiftung, wenn de dich schneidsch!«, sagt Oma. Bei Blutvergiftung gibt es einen roten Strich von der Wunde bis zum Herz. Man kann zugucken, wie der Strich immer näher kommt, und man sieht genau, dass man bald stirbt. Wenn einen »dr Schlag« trifft, ist man gleich tot, ohne es zu merken. Uropa ist einfach in seinem Bett eingeschlafen und nicht mehr aufgewacht.

Opa hat seine Eierkohlen und Briketts im »Katakombe«. Das ist ein dunkler Schuppen gegenüber von den Hasenställen. Die schwere Eisentür steht ein wenig offen. Es gibt kein Licht dort und es riecht nach den

Kohlen. Der Katakombe ist sehr unheimlich. Zum Glück holt Opa seine Briketts immer selber.

Es gibt auch noch das »Stiegekellerle«. Es ist unten neben der Haustür und hat ein ganz himmelblaues Türle, so ein zartes Taubenblau. Das Türle ist ganz klein und aus Holz und grad ein bissle höher als ich. Von allen Schlüsseln mag ich den Stiegekellerleschlüssel am meisten. Er ist nicht zu groß und nicht zu klein, er ist oben nicht rund und nicht eckig, sondern fühlt sich genau richtig an. Er glänzt so schön schwarz.

Im Stiegekellerle hat Oma ihr Gartenwerkzeug, ihre Weidekörble und ihren Wischeimer. Unter dem hocken die Kellerasseln. Hinten wird es ganz eng und dunkel. Ich hab ein bissle Angst im Stiegenkellerle, weil der Schlüssel immer steckt und sich deshalb jemand darin verstecken kann. Mir ist das Kellerle von außen lieber als von innen. Der Opa sagt manchmal: »Wer net horcht, wird ins Stiegeställe gschperrt«.

Das Haus von Oma und Opa steht ganz nah bei der Kirche. Ich zähle immer die Schläge und Stunden von der Kirchturmuhr. Bei Nebel hört man die Glocken nur ganz gedämpft. Wenn es am Morgen nebelig ist, sagt Opa im Bett das Versle: »Ein Nashorn und ein Näbelhorn, die gingen durch die Wieschde. Da stolperte das Näbelhorn, da sagt das Nashorn ›sieschde‹.« Opa lacht dann jedes Mal. Opa kennt sonst kein anderes Versle. Ich kann die Geschichte »Vom Nashorn und dem Näbelhorn« nicht leiden. Opa merkt das nicht und erzählt sie mir immer wieder.

Wenn jemand lügt, sagt Opa: »Des isch a Lugebeitel« oder »Der lügt doch wie gedruckt«. Ich stell mir vor, wie all die Lügen mit ihren kurzen Beinen in dem Beitel hocken. Ab und zu entwischt eine und versteckt sich bei jemandem im Mund. Der muss dann lügen, ob er will oder nicht. Die Lüge zwingt ihn zu lügen. Dann schlupft sie schnell wieder in den Lugebeitel. Die anderen Lügen lachen dann alle miteinander hämisch und schadenfroh, so arg, dass der ganze Lugebeitel wackelt. Sie sind klein wie Flöhe und springen im Beutel rum. Sie sind zwar winzig klein, aber sie haben viel Macht. Sie zwingen jedem ihren Willen auf; man kann sich nicht dagegen wehren. Die Lügen riechen staubig, modrig und nach Mottenkugeln. Oma sagt, dass man früher einem Lügner den Mund mit Seife ausgewaschen hat. Ich glaube, Lügen mögen die Seife nicht, weil sie so hell ist. Sie selber sind ganz dunkel.

Grad fir d'Katz

Heute gibt es Geggele. Das nackte, tote Geggele liegt im Abtropfsieb. Ich fasse es an den Flügeln und lasse es ein bissle tanzen. Die Beine sind zu kurz – es fehlen die Krallen. Auch hat es keinen Kopf. Nach dem Essen bringe ich die Knochen zur Mischde. Bald kommen die Katzen. Manchmal sind es mehr als zehn. Die alte dreibeinige ist auch dabei. Opa sagt, er erschießt jetzt die Katzen. Doch er fuchtelt so wild mit dem Gewehr, dass sie alle rechtzeitig wegrennen. Ich glaube, Opa will gar nicht wirklich auf die Katzen schießen.

Oma sagt manchmal zu mir: »Du bisch doch a rechts Gäderle«. Ein Gäderle ist eine ganz dünne Katze. Zu meinen Beinen sagt sie Stöcklefüß. Oma ist dick und weich und warm. Mein Kopf passt genau zwischen ihren Busen, wenn ich sie drücke. Opa gebe ich immer nur die Hand. Die ist ganz hart vom Schaffa und hat Schwiela. Manchmal hat Opa auch Spreißl vom Holz in der Hand. Die Spreißl sind ganz gemein und hocken tief unter der Haut. Wenn ich oder Opa einen Spreißl hab', macht uns Oma ein Handbad in der Tubberschissl mit Seife. Da kommt der Spreißl dann raus.

Oma kocht jeden Tag etwas anderes. Es gibt nie Reste. Die kriegen die Katzen. Oma kocht immer ganz viel. Sie ist immer froh, wenn jemand aus der Verwandtschaft kommt und mitisst. Wenn viel übrig ist, sagt sie:

»Jetzt hab i grad fir d'Katz kocht!« An der Mischde hocken viele Katzen; ich glaube, sie sagen es weiter, dass Oma so gut für sie kocht.

Katzen haben sieben Leben. Das weiß jeder. Aber niemand weiß, warum das so ist. Und was passiert, wenn sie gestorben sind. Manchmal wünsche ich mir, dass die alte dreibeinige Katze stirbt und wiedergeboren wird. Die würde ich dann gleich wiedererkennen, weil sie nur drei Beine hat. Sogar wenn ihr Fell eine andere Farbe hätte und sie nicht mehr so ängstlich gucken tät.

Die Strohblumen fühlen sich seltsam an – sie sind so bunt und doch so tot; ganz trocken und ohne Duft. Oma und ich richten Strohblumensträußle. Wir schneiden sie ab und binden sie zusammen. Meistens stehen sie aber nur auf der Beene. Im Dunkeln leuchten sie ein bissle.

Montags ist der Waschtag von Oma. Die Wäsche hängt Oma auf der »Lehr« auf, das ist eigentlich Opas Arbeitsplatz. Die Lehr ist aus Holz und die Dielen knarren. Ich helfe der Oma gerne beim Wäscheaufhängen und geb' ihr die Klämmerle. Im Sommer ist es so schön, wenn ich zwischen den feuchten Bettlaken stehe und der Wind sie an mich ranweht. »Was goischdersch do zwischa de Bettdicher rom! Bass mer bloß uff, dass se koine Flecka kriegat!«, sagt Oma dann. Die Unterhosen von ihr und Opa sind riesig und weiß. Jeder kann sie sehen.

Es gibt jetzt im Flecka einen Unterhosenstehler. Seither hängt Oma ihre Unterhosen auf dem Wäscheständer auf der Veranda auf. Der Opa sagt: »Der ghert eigschperrt, der Lump, der Liedrige«. Ich frage mich: »Warum stiehlt ein Mann freiwillig Frauenunterhosen?« Ich musste mal die Bubenunterhose von meinem Bruder anziehen, weil meine nass geworden war. Das hat sich ganz fürchterlich angefühlt. Der Opa sagt: »Der ghert doch in d'Psichiatrie, oder glei verschossa – der Erzlump, der Elendige«. Irgendwann war's dann vorbei mit der Unterhosenstehlerei. Da hat die Oma sie wieder auf die Lehr gehängt.

Die Lehr ist überdacht und man kann auch bei Regen die Wäsche aufhängen – sie wird trotzdem trocken. Sogar im Winter. Auf der Lehr nagelt Opa nur die großen Scherenzäune. Oben und unten gibt es eine Reihe von Nägeln, zwischen die er die Holzlatten legt. Diese Nägel sind sehr groß und hoch. Man muss beim Wäscheaufhängen aufpassen, dass man nicht darauf tritt.

Oma hat drei Freundinnen. Sie treffen sich oft zum Kaffeekränzle. Die Frau vom Jäger bringt meistens ihren Rauhaardackel mit. Solange sie schwätzen, darf ich mit ihm spielen. Er ist ganz lieb. Die dicke Schwanewirte zwängt sich in der Stub' in den alten Polstersessel von der Uroma. Als das Kränzle vorbei ist, steckt sie im Sessel fest. Ich hole Opa. Der hält den Sessel, und Oma und die Jägersfrau ziehen die Schwanewirte heraus. Alle lachen, nur die Schwanewirte nicht. Mir tut sie ein bissle leid, weil sie so dick ist.

Schneeengele

Wenn ich Glück habe, ist keiner vor mir im Garten, höchstens die Katzen. Der Schnee im Garten ist fast unberührt – manchmal gibt es Katzedäbberle oder Vogelspuren. Ich lege mich auf den Rücken in den Schnee und mache einen »Schneeengel«. Ich atme ganz tief die Schneeluft ein. Ich entdecke schon die ersten Schneeglöckle, wenn sie noch unter dem Schnee sind – es sind winzige Hügel. »Kalt heit«, sagt der Opa immer im Winter. Opa schiert den Ofen und geht in die Werkstatt. Der Hausflur ist eiskalt.

Im Flur ist auch dr Abort. An der Tür ist oben eine milchige Scheibe. Dr Abort hat unten eine Klappe, die man mit einem hölzernen Griff öffnen kann. Wenn man ihn benutzt hat, muss man Wasser aus einer Kanne nachgießen. Die Kanne ist schwer und aus Emaille. Oma und Opa rauchen auf dem Klo. Es stinkt nach Zigaretten und es hat auch einen Aschenbecher an der Wand. Im Sommer stinkt das Klo, wenn es heiß ist. Im Winter zieht es einem an den Hintern. Wenn dr Lachewage zum Abbombe kommt, stinkt es den ganzen Tag gottserbärmlich. Es gibt einen Abreißkalender im Klo. Aber der stimmt oft nicht und hat im August noch das Datum vom Mai.

Im Flur, vor dem Klo, steht der Schirmständer. Opas Spazierstöcke sind auch drin. Einer hat einen Negerkopf, der mich so unheimlich angrinst. Ich drehe ihn immer nach hinten. Der Flur hat Quadrate aus dunkelgrünem Nadelfilz. Die stechen beim Barfußlaufen. Im Flur hat es eine Klappe, damit die Wärme aus der Stub' rauskann. Neben der Klappe hängt ein hölzernes Bild. Das ist schwarz angestrichen und hat goldene Buchstaben eingeritzt. Auf dem Bild steht: »Immer wenn du denkst, es geht nicht mehr, kommt von irgendwo ein Lichtlein her«. Untendrunter ist eine Kerze eingekratzt. Wenn ich ganz traurig bin, gehe ich zu dem Bildle. Ich fahre jeden Buchstaben mit dem Zeigefinger nach. Das hilft. Aber es dauert manchmal arg lange, bis ein Lichtlein kommt.

Ehrenpreis und Veigele

Oma macht Frühjahrsputz. Alles wird rausgeräumt und es wird glifded. Die schönen, kleinen, bunten Perserteppiche klopft Oma mit dem Debbichbatscher drunten im Hof aus. Den Kristallleuchter in der Stub' zerlegt Oma in hundert Teile. Ich poliere jedes Glasteilchen, bis es glänzt und hänge alle Teilchen wieder vorsichtig ein.

Am Palmsonntag ist, wer zuletzt aufsteht, der »Palmesel«. An Ostern ist es im Stüble so wunderschön. Auf dem Tisch sitzen Marienkäfer und Maikäfer aus Schokolade, und kleine, weiche Küken zum Spielen. Es gibt Ostereier im Hefekränzle, und das Osterlämmle, das Oma und ich aus Biskuitteig gebacken haben, steht mitten auf dem Tisch. Und Blumen aus dem Garten. Mittags gehen wir zum »Eierhurgle« an den »Schranneberg«.

Überall blühen Veilchen und Waldanemonen und Schlüsselblumen. Ich mache für mich und Oma und für Uromas Grab kleine Sträußle. Eine Blume heißt »Ehrenpreis«. Der Name gefällt mir. Der »Ehrenpreis« preist Gottes Ehre mit seinen Blüten.

An Ostern gibt es auch neue Fahrräder. Opa bekommt sie vom Fundbüro der Bahn, wo er früher mal geschafft hat. Mein Fahrrad ist mein Pony. Ich habe einen Strick als Zügel am Lenkrad. Abends gehe ich nach unten,

füttere ihm Hafer und Heu und sage ihm gute Nacht. Es ist ein Rotfuchs und ganz zahm.

Wenn ich im Dunkeln Fahrrad fahre, singe ich ganz laut mit tiefer Stimme. Das macht mir Mut und erschreckt die Räuber. Am schönsten ist das Fahren in der Nacht, wenn der Mond scheint und warmer Wind weht.

Die Erbsen blühen wunderschön. Sie haben ganz zarte, weiße Blüten. Die jungen Erbsen schmecken mir am besten direkt im Garten. Die alten Erbsen schmecken hart und pelzig. Ich kenne ein Märchen, das heißt: »Fünf aus einer Hülse«. Jede der fünf Erbsen aus der Schote erlebt etwas anderes: Die Erste landet im Kochtopf. Die Zweite im Taubenmagen. Die Dritte ertrinkt im Rinnstein. Die Vierte vertrocknet in der Sonne. Die Fünfte verliert ein Spatz auf einem Dachsims. Dort im Zimmer wohnt ein kranker Junge. Die Erbse wächst und blüht vor dem Fenster und wird zum Gärtle von dem Bub. Da wird er wieder gesund, weil er sich so an der Erbse freut.

Rhabarber und Tulipan

Jetzt ist der Rhabarber reif. Er wächst ganz hinten im Garten, im verwilderten Eck. Der Rhabarber schmeckt so sauer, dass es mir den ganzen Mund zusammenzieht, aber ich muss ihn essen, sonst ist es nicht richtig Frühling. Ich ziehe die roten und grünen Streifen vom Rhabarberstängel ab. Aus einem seiner großen Blätter mach ich mir ein Hütle und setze es auf. Alles riecht so gut nach Frühling. Überall blühen Narzissen und Tulpen. Ich nenne sie »Tulipan« – wie in meinem Lieblingslied. Oma macht vom Rhabarber Mus und Kuchen – der schmeckt so gut!

Im Frühling ist auch Krämermarkt im Flecka. Es gibt dort echte Tiere: Hasen, Hühner, Enten und Schweine. Ich wünsche mir so sehr ein Schweinle. Auf dem Markt gibt es eines ganz billig: ein krankes, mageres. Oma will es mir aber nicht kaufen. Sie kauft mir dafür Magebrot. Das Schweinle wär mir lieber.

In Opas Werkstatt ist es ganz laut. Die Kreissäge macht fürchterlich Krach. Ihr Band ist ganz alt und brüchig. »Bass mer bloß uff«, sagt Oma, wenn ich in die Werkstatt gehe. Im hinteren Kämmerle in der Werkstatt steht die Schleifmaschine. Dort schärft Opa sein Werkzeug. Manchmal kommt der Scherenschleifer und nimmt alle Messer und Scheren mit. Im Winter ist es ganz kalt in der Werkstatt, im Sommer schön kühl. Das Licht ist immer leicht dämmerig, weil es durch die grünlichen Scheiben von der hinteren Werkstatt fällt. Der

Holzstaub tanzt im Sonnenlicht. Wenn Feierabend ist, sitzen Opa und Erich in dem kleinen Räumle mit dem Holzofen. Sie trinken Bier gleich aus der Flasch' und rauchen »Ernte«. Opa und Erich machen immer lange Feierabend, oft schon am hellen Mittag.

Der Opa kann ganz lange Flüche und Schimpfwörter. Er flucht mindestens drei Mal am Tag. »Himmelherrgottssagramentskreizluderverdammts, willsch wohl brenne!«, sagt er zum Ofen, wenn der nicht ziehen will. Oder »Kreizdonnerwetterhalleluja, do zigt's oim ja dr Arsch vom Hentre ra«, wenn die Oma zum Lifta Durchzug macht. Oder »Dreimolgreizgottverdammtmaledeits Sauwetter«, wenn es regnet. Am längsten ist: »Himmelherrgottsagramentsverdammtgreizmaledeidssauviech, fahr doch zum Deifel, du dreckigs Sauviech, du ludrigs!« Das sagt er zur Katze, wenn die in die Werkstatt geschissen hat.

Ich fluche nie, weil es dem lieben Gott nicht gefällt. Ich bruddl bloß a bissle rum, wenn ich grätig bin. Die Oma flucht auch nicht. Die sagt nur manchmal: »Himmel, Arsch und Zwirn«, wenn was nicht klappt, wie sie will. Oder sie goscht den Opa a: »Rutsch mer doch dr Buckl ronder«, wenn er was will, was ihr net basst. Oder: »Do goht mer doch grad 's Messer in dr Dasch uff« – obwohl sie gar keins hat!

»Des Belle woiß halt älles« und »Schlaufüchsle« sagt der Opa oft zu mir. Aber manchmal auch: »Ha so äbbes aber au, was dir emmer fir Firz im Gränd romgoischdred«, wenn ich ihn was frage, was er nicht weiß.

Heringsschwänze

Oben im Haus, neben der Bühne, gibt es noch die alten Zimmer von Uroma. Das Sofa, das Büffet und die Wanduhr. Die Uhr ist genau in dem Moment stehen geblieben, als Uroma gestorben ist. Seither zieht sie Oma nicht mehr auf. Der Zeiger steht immer auf kurz vor sechs.

Uroma sah sehr schön in ihrem Sarg aus – als ob sie nur schläft. Ich mag den Totengräber nicht – er wirft manchmal Knochen einfach über die Friedhofsmauer. Einmal habe ich sogar einen Totenkopf gefunden – und einen toten Maulwurf. Die Frau vom Totengräber ist ein bissle verrückt. Sie redet mit sich selbst auf der Straße. Sie hat einen alten grauschwarzen Hund, einen Spitz. Einmal hat sie mir einen Apfel geschenkt – den habe ich schnell weggeworfen, als ich ein Stückle von ihr weg war.

Meine Schwester und ich dürfen das Nachttischle und den Schrank von Uroma mit Abziehbildchen verzieren. Es sind rosarote Rosen auf den Bildstreifen. Sie wellen sich im Wasser. Man muss sehr behutsam sein, damit sie nicht verkleben. Im Schrank hängen immer noch die Kleider von Uroma. Die meisten sind schwarz oder dunkelblau mit weißen Blümchen. Es gibt auch ein Hütchen mit einem Schleier. Ich habe Uroma fast nur im Kittelschurz und ihrem Strickwäschtle gesehen. Niemandem passen ihre Kleider.

Der Uropa ist schon lange tot. Ich habe ihn gar nicht mehr gekannt, nur die Geschichten über ihn. Uropa hatte das erste Automobil im Dorf. Wenn es Hering gab, hat er die Schwänze einfach an die Küchendecke geworfen. Dort sind sie kleben geblieben. Uroma musste dann auf einen Stuhl klettern, sie abkratzen und die Flecken mit Kreide übermalen. Einmal ist Uropa beim Versteckspielen im Kartoffelkeller eingeschlafen. Oma und Mama haben ihn erst Stunden später entdeckt. Uropa hat sich immer von Uroma anziehen lassen. In langen Unterhosen und im Unterhemd ist er mit ausgebreiteten Armen vor ihr gestanden und hat gesagt: »Zieh mi o, Marrie«.

Auf den Fotos hat der Uropa einen lustigen Bart. So einen Bart gibt es heute gar nicht mehr. Ich hätte den Uropa gerne noch kennengelernt. Aber er ist schon tot. Manchmal denke ich, mit dem Uropa hätte ich mich gut verstanden. Ich möchte auch gerne Heringsschwänze an die Decke werfen. Das tut sonst niemand.

Geh aus mein Herz

Die Uroma war arg fromm und ist jeden Sonntag in die Kirche gegangen. Es gibt noch die große alte Bibel von ihr, da sind so schöne Bilder drin und kleine Bildle mit frommen Sprüchle liegen zwischen den Seiten. Oma geht nur ab und zu in die Kirche, an Ostern und Weihnachten oder wenn im Flecka eine Beerdigung ist.

Opa geht nur in die Kirche, wenn er unbedingt muss: zur Taufe oder Konfirmation von der Verwandtschaft.

Ich hol' mir manchmal das alte Gesangbüchle von der Uroma. Das ist ganz zerfleddert und hat eine altmodische Schrift. Am liebsten habe ich »Geh aus mein Herz und suche Freud«. Es hat fünfzehn Strophen und ich kann es in zwei verschiedenen Melodien singen. Wir singen es oft im Religionsunterricht. Die Lieder von »Tod und Ewigkeit« sind ganz wunderlich. Ich kann manche mit meiner Flöte spielen – das sind ganz seltsame und altmodische Melodien und Töne. »Meinem Gott gehört die Welt, meinem Gott das Himmelszelt, ihm gehört der Raum, die Zeit, sein ist auch die Ewigkeit«.

Es gibt zwei Himmel, den unteren und den oberen. Der untere Himmel ist für die Vögel und Menschen und die Flugzeuge. Er wechselt jeden Tag seine Farben. Im unteren Himmel gibt es Wolken, Regen, Blitze und Gewitter. Und Hagel, Wind, Sturm und Nebel.

Im oberen Himmel ist es ganz still. Nur die Engel hört man dort singen. Im oberen Himmel ist das Paradies. Er ist ganz wunderschön blau – nicht zu hellblau, und auch nicht zu dunkelblau, sondern himmelblau. Es gibt herrliche weiße Wolken, auf denen die Engel sitzen und Harfe spielen. Manchmal schenken die Engel den Menschen einen Himmel wie im Paradies. Damit sie sich freuen, wenn sie sterben und in den Himmel kommen.

Wenn der Himmel so herrlich himmelblau ist, bin ich den ganzen Tag froh. Ich singe dann immer das Lied vom Kindergarten: »Himmelsau, licht und blau, wie viel zählst du Sternlein? Ohne Zahl, sovielmal soll mein Gott gelobet sein.« Oder das Lied aus der Kirche: »Von guten Mächten wunderbar geborgen, erwarten wir getrost, was kommen mag. Gott ist mit uns am Abend und am Morgen. Und ganz gewiss an jedem neuen Tag«. Dann spüre ich Gott und die Engel ganz deutlich.

Schereschleifer und Schürzejäger

Ab und zu kommt zu Oma ein Mann, der Waschmittel, Putzmittel, Schmierseife und Handwaschpaste verkauft. Er tut immer ganz einschmeichlerisch und stellt sich ganz nah neben die Oma. Die Oma kauft viel mehr, als sie eigentlich braucht. Wenn er wiederkommt, hat Oma noch immer ganz viel Vorrat und kauft trotzdem neuen. So viel kann niemand putzen, dass er das alles aufbraucht. Opa sagt: »Des isch a Schürzajäger und macht scheene Auga«. Ich frage mich: »Was ist das für ein Mensch, der Schürzen jagt?« Entweder hat sie jemand an und man darf nicht darauf schießen, oder sie liegen ganz friedlich im Schrank. Wer schießt schon in einen Schrank? Dann ist es ja keine richtige Jagd. Und: Was will ein Mann eigentlich mit Schürzen? Ich kann den Schürzenjäger nicht leiden. Die Sachen vom Schürzenjäger riechen lange nicht so gut wie das, was Oma sonst kauft. Schöne Augen hat er auch nicht. Die sind ganz hellblau und verlogen.

Es gibt auch noch den »Nudelpeter«. Der verkauft der Oma immer ihre Nudeln. Der Nudelpeter ist ein kleiner Mann mit Brille und guckt freundlich. Er hat immer Listen dabei, auf denen alle Nudelsorten und Preise stehen. Einmal gab es einen Skandal. Der war sogar im Fernsehen, in der Landesschau. Da waren in den Nudeln vom Nudelpeter faulige Eier drin. Der Nudelpeter hat sich fürchterlich entschuldigt. Er kann nichts dafür, das war die Fabrik. Ich glaube das dem Nudelpeter. Der Nudelpeter bringt manchmal kleine Geschenke mit. Mir hat er ein Nadelbüchle geschenkt. Darauf steht: »Nudelpeter – Freund der Hausfrau«.

Am schönsten ist der Fadeneinfädler. Der hilft einem, den Faden durch das Nadelöhr zu ziehen. In der Bibel gibt es einen Spruch, der fängt so an: »Eher geht ein Kamel durch ein Nadelöhr …«. Ich frage mich: »Warum will ein Kamel durch ein Nadelöhr gehen?« Die Bibel lügt ja nicht. Ich glaube, es ist ein Felsnadelöhr. Felsen gibt es in der Wüste auch. In der Bibel stehen viele seltsame Sachen, die kein Mensch versteht.

Trotzdem graust's mir seither vor den Nudeln. Oma macht zum Glück meistens Spätzle. Die presst sie durch die Spätzlespress', und die Eier sind ganz frisch. Wenn man die Eier ins Wasser legt, steigen die alten nach oben, die frischen tauchen runter. Die Eier von der Oma schwimmen immer unten.

Nach dem Mittagessen sagt der Opa oft: »Jetzt brauch i a Pries«. Er hat zwei Döschen Schnupftabak, den groben und den feinen. Er klopft den Tabak oben am dicken Teil vom Daumen auf die Hand und zieht ihn rechts und links ins Nasenloch. Manchmal niest er fürchterlich und trompetet dann in seinen riesigen Rotzlappe. Ich darf auch schnupfen, vom feinen, der riecht ganz gut. Mir steigen Tränen in die Augen und ich muss ein bissle nach Luft schnappen. Die Oma gibt mir ihr Schnupfdüchle aus der Schürzentasche. Dort hat sie auch immer ein paar Gutsle drin, die sie mir schenkt. Manchmal schnupfe ich auch heimlich ein bissle Schnupftabak, wenn ich allein in der Stub' bin und Matrose spiele – oder Schmuggler – oder Detektiv. Nach dem Schnupfa kann man besser denken. Da ist es ganz leicht und hell im Kopf.

Opa sagt: »Zigeiner sind Galgevögel, Halsabschneider, Lugebeitel, Nachtgsindel, Streidhammel, Rattepack und Haderlumpe. Die stehle und nehmet alles mit, was net niet- und nagelfeschd isch.« Der Scherenschleifer ist ein Zigeuner. Trotzdem gibt ihm Opa immer, wenn er kommt, seine besten Messer und Scheren mit. Ich habe Angst, dass er etwas stiehlt und Opa ihn dann verjagt.

Ich mag die Zigeuner. Sie haben so schöne bunte Kleider und goldene Armbänder. Sie reisen durch die Welt in ihren Wohnwagen und dürfen immer Feuer machen. Ich liebe »Arpad, den Zigeuner«! Einmal in der Woche sehe ich ihn im Fernsehen. Er ist so wunderschön. Wenn ich groß bin, werde ich Zigeunerin. Die Zigeuner machen wunderschöne Musik und tanzen dazu. Mein Mann muss wie Arpad sein: schön, mutig, wild, frei und immer auf neuen Abenteuern. Er kann reiten und hat Pferde. Für Arpad tät ich sogar gegen den Nachtgrabb kämpfen.

Oma hat viel Gold. Sie hat ein Armband mit echten goldenen Münzen. Das zieht sie aber nur an, wenn sie verreist. Mir ist das Armband viel zu groß, aber ich darf es manchmal anprobieren. Oma hat ihren Schmuck im alten Holzbüffet von der Uroma. Oma hat viele goldene Ringe mit echten Brillanten.

Sogar einen Likör mit echtem Gold drin gibt es manchmal zu trinken. Der heißt »Danziger Goldwasser«, obwohl es gar kein Wasser ist. Ich würde das Gold lieber aufheben, als es zu trinken. Das Gold schwimmt in ganz dünnen Blättchen in der Flasche. Es zergeht auf der Zunge, ohne dass man es spürt. Auf Opas Weinflasche sitzt ein goldener Affe. Aber das Gold von dem Affen ist gefälscht, das sehe ich gleich.

Wenn mein Fahrrädle kaputt ist, probiert der Opa, es zu reparieren. Aber er hat nicht viel Geduld. Und mit seinen großen Fingern verliert er immer die kleinen Teile. Dann wird er ganz grantig und flucht vor sich hin: »Himmelhergottaberau – so a Glump, so a elendigs – des isch koi ›Made in Germany‹, des isch so a ausländischs Glump, so a liedrigs.« Opa sagt »Made in Germany«, so wie man es schreibt. »Jetzt musch halt 's Rädle zum Mechaniker schiebe, zu dem Halsabschneider, dem Lump, dem elendige. Des wird ebbes koschde!«

Ich frage mich: »Warum lässt mich der Opa alleine des Rädle zum Halsabschneider schieben? Das ist doch gefährlich!« Der Halsabschneider tut immer ganz scheinheilig freundlich und sieht harmlos aus. Ich bleib aber gleich neben der Tür stehen, damit ich abhauen kann, wenn er sein Messer holt. Ich bin jedes Mal froh, wenn ich wieder heil davongekommen bin.

Dem Opa darf man aber nicht widersprechen. Er befiehlt einfach und man muss »folge«. Wenn es ihm nicht schnell genug geht, sagt er: »Mach jetzt naare und tredl net rom!« Die Oma befiehlt nicht so oft. Sie fragt immer: »Dätsch mer des ond des brenga?« Sie freut sich, wenn ich ihr die Sachen bringe und sagt: »Ha, mei Belle, des ka mer halt schicke!«

Schatzkästle

Wenn der Kameefäger kommt, muss man an einem Knopf drehen und darf sich etwas wünschen. Wenn ich nichts mit Knopf anhabe, hole ich schnell mein Strickwäschtle. Das hat ganz viele Knöpfe. Der Kammeefäger ist ganz schwarz und traut sich aufs Dach. »Des gibt wieder a Sauerei«, sagt Oma und holt den Kehrwisch und die Kudderschaufel.

Man darf sich auch etwas wünschen, wenn man eine Wimper verliert. Oder wenn eine Sternschnuppe fällt. Mein Onkel hat sich als Kind lange Unterhosen gewünscht, als eine Sternschnuppe gefallen ist. Aber er hat es verraten und natürlich keine bekommen. Ich verrate niemandem meine Wünsche.

Ich hab' ganz schöne, kleine und große Zigarrenkästle aus Holz mit goldenem Verschluss; darin sammle ich meine Schätze aus dem Garten. Das sind getrocknete Blüten und Samenkapseln und Früchte von den Büschen. Ganz wunderschöne Sachen. Die Sachen in dem Kästle sortiere ich immer wieder um und ordne sie neu. Oder ich lege damit Muster oder Figuren. Meine Schwester ist mal heimlich an mein Schatzkästle gegangen und hat mich dann verspottet: »Du lügsch ja, du hasch ja gar keine Schätze, du hasch ja bloß vertrocknete Blätter.« Ich hab ihr gar nix verraten, weil sie davon nichts versteht.

An der Wieslauf

Ganz nah beim Haus von Oma und Opa fließt die »Wieslauf« vorbei. Da spiele ich ganz oft. »Bass mer bloß uff, dass net neihagelschd«, sagt die Oma dann. Die Wieslauf ist nicht tief, nur bei Hochwasser ist sie gefährlich. Da reißt sie alles mit und das Wasser ist ganz braun und wild. Ich hab' ein kleines Eimerle und einen Käscher. In der Wieslauf hat es kleine Fischle, Stichlinge und Schlammwühler, die heißen Gründlinge, und kleine Flusskrebsle. Ich fange sie und lasse sie dann wieder frei, wenn ich sie genau beobachtet hab'. Manchmal entdecke ich auch Bachforellen, aber die erwische ich nie.

Ein Stück weiter weg ist das Wehr. Dort ist das Wasser ganz tief und unheimlich. Die Oma erzählt, dort haben sie früher gebadet. Die Oma hatte keinen Badeanzug und ihre Freundinnen auch nicht. Da haben sie ihre Unterhemden unten zusammengeknotet – das waren dann ihre Schwimmkleider. Damals, als die Oma noch jung war, lag einmal ein totes Pferd in der Wieslauf am Wehr. »So a alte Schendmähr, die isch scho dagelang dringläge«. Im Kopf von dem Pferd haben sich Aale versteckt – die haben sie dann gefangen und gegessen. Das ist ja so grauslig, da schüttelt's mich noch heut nach fünfzig Jahren! Manchmal kauft die Oma geräucherte Makrelen und Schillerlocken und Aal – da muss ich immer an das tote Pferd denken. Grausig!

Das Wasser am Wehr ist ganz dunkel und tief und sieht ölig aus. Es ist so unheimlich dort – ich glaube, der Geist vom toten Pferd spukt noch immer dort rum. Manchmal sehe ich es ganz verschwommen im Wasser liegen. Dann renne ich schnell wieder zu meiner Lieblingsstelle – da ist das Wasser ganz klar und hell und man sieht die Steine im Wasser glitzern.

Oft lasse ich kleine Schiffle aus Papier oder Rindenboote auf der Wieslauf schwimmen. Die schwimmen vielleicht bis zum Meer. Die Wieslauf fließt in den Neckar, der Neckar in den Rhein und der fließt dann ins Meer.

Ab und zu schreibe ich auch eine Flaschenpost für die Schiffbrüchigen. Da schreibe ich die Sprüchle vom Flur ab, auf kleine Zettel, und schicke sie zum Trost an die Schiffbrüchigen: »Immer wenn du denkst, es geht nicht mehr, kommt von irgendwo ein Lichtlein her.« Oder: »Mach' es wie die Sonnenuhr, zähl die heitren Stunden nur.« Oder: »Hab' Sonne im Herzen, ob's stürmt oder schneit, ob der Himmel voll Wolken, die Erde voll Streit.«

Die anderen Sprüchle sage ich nur leise vor mich hin, weil sie nicht so gut für die Schiffbrüchigen passen: »Morgenstund hat Gold im Mund«, »Man soll den Tag nicht vor dem Abend loben«, »Sei immer bescheiden, verlang nie zu viel, dann kommst du zwar langsam, aber sicher ans Ziel.«

Kräuterweible

Ich frage mich, wer den Pflanzen, Tieren, Bäumen und Dingen eigentlich ihren Namen gibt. Und warum man sie nicht umtaufen kann. Wenn der Name gar nicht passt. Es gibt Blumen, zu denen sagt die Oma »Bettseicher«, weil sie so seichle. »Breng' mer bloß koine Seicher ens Haus«, sagt die Oma, wenn ich an der Wieslauf Blumen pflücken gehe. Die Blumen sind ganz zart und empfindlich und rosa. Der Name passt überhaupt nicht zu ihnen. Obwohl sie ehrlich ein bissle seicheln.

Oder das Stiefmütterle. Im Märchen sind die immer ganz böse, die Stiefmütter. Und alt und hässlich und falsch. Das Stiefmütterle ist ganz samtig zart und hat wunderschöne Farben. Das Ackerstiefmütterle ist das allerschönste. Ich nenne es »Schneewittleblümle«. Das war viel schöner als die böse Stiefmutter. Die Oma sagt »Pasäla« zum Stiefmütterle. Oder bei den Tieren, da gibt es die Habergeißl. Bei mir heißen sie »Zartbeinspinnen«, weil sie ganz leicht einen Fuß verlieren, wenn die Oma sie mit dem Spinnewedel jagt.

»Bass' mer bloß uff, dass koin Dinnpfiff griegsch von denne greene Äpfel«, sagt die Oma, als die ersten Äpfel reif werden. Ich bass' uff, aber der Dinnpfiff kommt trotzdem. Die Oma macht mir Kamillentee und eine Wärmfläsch und reibt einen Apfel. Dann muss man warten, bis er braun wird. Und das hilft. Geriebene Äpfel helfen gegen grüne Äpfel. Warum, weiß ich auch nicht. »Des hilft halt. Des isch gwieß«, sagt Oma, als ich sie danach frage.

Oma kennt viele Hausmittele. »Klosterfrau Melissengeist« hilft immer und bei allem. Der Melissengeist ist ein Flaschengeist. Wie die Klosterfrauen ihn da reinkriegen und woher er kommt, verraten sie niemandem. Manchmal hock' ich mich im Garten zu der Zitronenmelisse und warte, ob der Geist erscheint. Aber ich sehe ihn nie. Wahrscheinlich ist er unsichtbar. Manchmal trinke ich abends ein bissle Klostergeist, auch wenn ich gar nichts hab. »Vorbeige isch besser als heile«, sagt Oma.

Später werde ich vielleicht auch eine Klosterfrau. Dann müssen sie mir das Geheimnis vom Melissengeist verraten. Ich tät im Kloster singen und beten und den Kräutergarten haben. Mit Kräutern kenne ich mich aus; die Oma hat ganz viele im Garten: Majoran, Thymian, Basilikum, Schnittlauch, Peterling, Dill, Bohnenkraut, Liebstöckel, Ysop, Rosmarin, Koriander und Kerbel.

Für Tee gibt es Pfefferminze, Melisse, Salbei, Brombeerblätter und Ringelblumen.

Gleich hinter dem Garten sind die Bahngleise und ein verwilderter Grasstreifen. Da wächst das Johanniskraut. Da zupfe ich im Sommer immer die Blüten ab. Man kriegt ganz rote Finger, obwohl die Blüten gelb sind. Wenn ich die Blüten gegen den Himmel halte, sehe ich ganz feine Löcher in den Blüten. Mit der Oma mach ich Johanniskrautöl. Das steht dann sechs Wochen in der Sonne auf der Veranda. Das Öl hilft bei fast allem.

Im Sommer spiele ich oft »Kräuterweible«. Ich habe viele kleine Schächtele, in denen ich getrocknete Kräuter und Blumen sammle.

Dann mach ich Mischungen in schönen Farben damit; das wär dann Medizin, stell ich mir vor. Oder ich richte Essen auf dem Puppengeschirr: Hasenklee, der ist ganz sauer, und Taubnesseln zum Aussaugen, die schmecken ganz süß.

Seemannslieder

Die Oma hat viele Schallplatten. Der Freddy Quinn singt auch so schön. Am besten gefällt mir die Platte mit den Seemannsliedern. Später werde ich vielleicht Kapitän – oder Pirat. An Fasching bin ich oft Pirat; da sehe ich so gefährlich aus, dass ich vor mir selber Angst kriege. Der Plattenspieler steht neben dem Fernseher in der Stub'. Vom Krämermarkt hab' ich eine Ziehharmonika aus Papier. Ich spiele und singe mit dem Freddy Quinn. Von den Seemannsliedern werde ich ganz mutig und stark. Ich klettere auf Opas Fernsehsessel und klappe das Fußteil hoch. Dann hole ich vom Schäßlo die dicken Polster und bau mir einen Ausguck und spiele »im Mastkorb hocke«.

Dann gibt es noch den Peter Alexander. Der hat so eine schmalzige Stimme. Und den Heino – der ist ein Albino und seine Stimme kann ich nicht leiden. Bei den Hasen gibt es auch manchmal einen Albino. Den taufe ich dann im Geheimen »Heino«.

Die Oma liebt den Gotthilf Fischer. Sie war schon oft bei den Fischerchören im Konzert. Die Oma sagt: »Des isch halt a scheener Ma, und der kaa so schee senga.« Den Heintje mag die Oma auch – weil er für die Mütter singt.

Die Oma hat auch wunderschöne Märchenplatten. Am schönsten ist das Märchen von Schneeweißchen und Rosenrot. Ich staube die Platten immer ganz vorsichtig mit dem roten Samtabstauber ab.

Metzelsupp und Saublodere

Wenn der Erich bei sich zuhause auf dem Bauernhof eine Sau geschlachtet hat, bringt er der Oma immer frische Blut- und Leberwurst mit. Und später dann den Räucherspeck. Die Würste sind im Darm von der Sau. Die Oma macht dann Metzelsupp, da graust's mir schon vor dem Namen. Mir bringt der Erich die getrocknete Saublodere. Er denkt, er kann mich damit erschrecken und schlägt ein bissle mit der Blodere nach mir. Mir graust's aber nicht vor der Blodere, sondern vor seinen dicken Wurstfingern. Und weil ich nicht von seinen Metzgerhänden angelangt werden will.

Auch die toten Suppenhühner finde ich nicht grausig. Wenn die Oma eins vom Markt mitbringt, ist manchmal noch die Lunge drin. Die kann ich ganz vorsichtig rausmachen, ohne dass sie kaputtgeht. Der Opa mag das Herz, die Lunge und die Leber vom Huhn. Bei der Leber muss die Oma erst die Gallenblase wegschneiden, sonst wird die Leber bitter. Mir bleiben die trockenen Stückle im Hals stecken – ich versteck' sie in meinen Backen. Und spuck sie später auf die Miste.

Manchmal bringt der Jäger auch ein Stück Reh. Da macht die Oma dann »gschbickter Rehbrota« mit Pfifferling und Breiselbeera. Der sieht ganz schön aus und schmeckt gut.

Im Herbst gehe ich mit der Oma an den »Schranneberg« und pflücke Schlehen. Die sind wunderschön, aber haben ganz gefährlich spitzig lange Dornen. Ich hab ganz dünne Finger und Stöcklesärm, damit komme ich an alle Schlehen ran, ohne dass sie mich stechen. Man muss warten, bis der erste Frost über die Schlehen ist. Die Schlehen schmecken ganz pelzig. Die Oma macht Schlehensaft und Schlehengelee. Das hat eine wunderschöne Farbe.

Quittengelee macht die Oma auch. Da duftet die ganze Küche so gut. Das Quittengelee sieht aus wie der helle Bernstein. Die Oma hat eine Bernsteinkette, die darf ich manchmal umhängen.

Hehnerhabicht

Ich frage mich, warum der Opa so eine arge Wut auf die Vögel hat. Dann holt er sein Gewehr und will sie alle erschießen: Die Spatzen im Hof, die Stare im Kirschbaum, die Elstern auf der Miste, die Amseln auf dem Verandadächle.

Opa hat als Kind einen zahmen Raben gehabt. Von dem erzählt er oft. Da konnte er die Vögel noch leiden. »A ganz zahmer nachtschwarzer Grabb«.

Ganz wild wird er, wenn der Habicht über dem Haus kreist. »Dr Hehnerhabicht! Ha, den Lump, den hol i ra! Schnell, hol' mer mei Gwehr! Dem soi letschdes Stindle hat gschlage! Der alte Stehlratz kommt mer net davo – Kreizdonnerwetteraberau, jetzt glemmt au no 's Gwehr. Do hosch Glick ghet – bisch grad no mol davokomme!«

Ich hänge das Gewehr wieder ins Ställe. Ich liebe ja den Habicht. Um ihn hab' ich aber nie Angst. Er fliegt viel zu weit oben und Opa könnte ihn nie treffen. Er trifft ja sowieso überhaupt nie. Aber er versucht es immer wieder.

Die Oma und ich machen nach der Gartenarbeit immer ein Päusle. Wir trinken ein Tässle »Nescafé koffeinfrei« mit heißem Wasser aus dem Boiler und essen dazu Hefezopf oder frische Brezeln.

Mit Oma kann ich so gemütlich zusammenhocke, oft schwätzen wir gar nichts und schauen uns nur lieb an. »Ach mei Belle«, sagt Oma dann oft, »an dir hab i mei Freid«, und streichelt mir übers Bäckle. Da wird mein Herz ganz warm.

Mit Oma bete ich abends manchmal: »Engele komm, mach mich fromm, dass ich zu dir in den Himmel komm« oder »Müde bin ich, geh zur Ruh, schließe meine Augen zu. Vater lass' die Augen dein, über meinem Bettle sein. Deine Gnad' und Jesu Blut machen allen Schaden gut. Amen«. Oma spricht beim Beten immer Hochdeutsch. Das hört sich seltsam an.

Wenn Oma draußen ist, singe ich oft mein Lieblingslied. Das kann ich seit dem Kindergarten: »Meinem Gott gehört die Welt, meinem Gott das Himmelszelt. Ihm gehört der Raum, die Zeit, sein ist auch die Ewigkeit«.

Manchmal singe ich auch: »Guten Abend, gute Nacht«. Das hat zwar eine schöne Melodie, aber so seltsame Worte. Wie soll ich denn selig und süß schlafen, wenn ich mit Röslein bedeckt bin und mit Näglein besteckt bin? Das stupft doch ganz arg! Manchmal frage ich mich, ob die Großen kein richtiges Gefühl mehr in sich drin haben.

Ich fühle alles ganz deutlich. Oma spürt auch viel. Das merkt auch der Garten und merken die Blumen. Deshalb wächst auch alles so gut. Der Opa spürt nicht so viel. Ich kann an ihm vorbeischleichen, ohne dass er es merkt. Doch ich glaube, das kommt vom Fluchen und Schießen und Mosttrinken. Da wird dann alles »sperrig«, wenn er so grob ist. Der Ofen, das Holz, die Fahrräder, die Stare und die Oma und ich auch. Die Katzen scheißen ihm zum Bosse in die Werkstatt. In den Garten scheißen die Katzen nie.

Flädlesupp und Kuttle

Der Opa kommt aus dem »Hohelohische«. »Des isch dort, wo sich Fuchs und Has gut Nacht sage«, sagt Oma. Manchmal hat der Opa Heimweh nach früher. Dann macht ihm die Oma Essen, das nur der Opa isst: Habermus, Kuttlsupp, Graupesupp, Hirnsupp, Brotsupp, Sülz, Blutwurst und Schweinsfüßle und dazu Schwarzbrot zum Neibrocka und Soß' zum Ausdunka. Der Opa freut sich dann, dass er sich satt essen darf und mit niemandem teilen muss.

Der Opa sagt, er hat früher viel gehungert. Daheim und im Krieg. Der Opa lacht und sagt: »Mei Trud, die ko halt koche«. Und haut ihr auf den Arsch. »Bleib mer bloß weg vom Hals«, sagt die Oma dann. Ich bin froh, dass der Opa jetzt die Oma hat. Bei der muss niemand hungre. Die kocht so viel, dass die »letschde streinende Katz« satt wird.

Von der Oma lerne ich das Kochen ganz von selber. Ich hock auf dem Küchenhocker und guck einfach zu. Ich darf alles probieren und ab und zu die Suppe umrühren. Oma redet auch oft mit dem Essen: »Verbrennt mer bloß net!«, sagt sie zu den Koteletts, »Wirsch hoffentlich net ahocke!« zur Soß, »Spritz mer bloß net so rum!« zum heißen Fett, »Fallt mer bloß net zamme!« zu den Dampfnudeln, »Jetzt gang halt endlich aus em Modl!« zum Guglhupf. Die Sachen folgen dann der Oma.

Es gibt jeden Tag zuerst Suppe: Flädlesupp, Kartoffelsupp, Nudelsupp, Markklößlesupp, Grießsupp, Eilaufsupp, Eierstichsupp, Gemüsesupp »quer durch de Garde«, Grießklößlesupp. Die Flädlesupp und die Grießklößlesupp mag ich am liebsten. Die Oma macht ganz oft geröstete Brotbrockele dazu.

Die Oma kauft nur die besten Sachen aus der Fernsehwerbung – die kommt abends immer zwischen dem »Äffle ond Pferdle« oder den »Mainzelmännle« vor der »Landesschau« und dem Wetterbericht. Ich kann alle Liedle aus der Werbung singen. Wenn ich die Sachen nehm', sing ich die Liedle dazu im Kopf – und nur laut, wenn's keiner hört. »Nichts geht über Bärenmarke, Bärenmarke zum Kaffee«. Ich stell' mir dann vor, der Bär tät mir die Milch in den Nescafé gießen – das wär' so schön, wenn er in echt da wär'. »Meister Proper putzt so sauber, dass man sich drin spiegeln kann – Meister Proper.«

Die Oma kocht so gute Sachen wie sonst niemand auf der Welt! Am liebsten mag ich: Kartoffelschnitz und Spätzle, Zwetschgeknödel, gschmelzte Mauldasche, Kirschemichl, Ofaschlupfer, Linse und Spätzle, Kottlett mit Kartoffel- und Gurkensalat. Für den Kopfsalat schneide ich zur Verzierung kleine Krönle aus Radiesle. Das sieht so schön aus! Vor dem Essen beten wir immer: »Vater segne diese Speise, uns zur Kraft und dir zum Preise. Amen.« »Lasst's eich schmecke«, sagt die Oma und schöpft zuerst dem Opa die Supp raus.

's Chrischtkindle kommt

Oma hat einen schönen, runden braunen Topf aus Ton mit einem runden Deckele. Das ist der Rumtopf. Der Rumtopf muss das ganze Jahr »schaffe«, bis zur Adventszeit. Dann ist er fertig. In den Rumtopf kommen Früchte aus dem Garten und gekaufte Sachen. Den Rumtopf gibt es zum Vanilleeis oder einfach nur so. Er brennt im Mund und schmeckt ganz heiß, obwohl er kalt ist. Vom Rumtopf werd' ich ganz lustig im Kopf und auch ein bissle müd. Am besten schmecken die Rosinen im Rumtopf. Sie sind ganz feucht und groß und nicht so trocken wie normal. Der Rumtopf verwandelt die Früchte. Ich erkenne sie am Geschmack und erkenne sie doch wieder nicht. Vom Rumtopf erzähle ich der Mama nichts – sonst geht es wie mit dem »Underberg«.

Oma und ich backen im Advent. Oma hat immer die besten Zutaten. Zu meinem Geburtstag im Dezember backt sie mir immer meinen Lieblingskuchen: »Tiroler Nusskuchen« mit ganz viel Schokoladenstückle drin und mit Schokoladenglasur. So gut wie die Oma kann niemand backen! Aber sie backt so viel, dass es manchmal bis Ostern Plätzle gibt. Keiner will sie dann mehr essen. Für die Springerle hat die Oma noch uralte, handgeschnitzte Holzmodl – die sind noch älter als die Uroma – uralt halt.

Vor Weihnachten darf ich immer die Krippe aufbauen. Die ist »handgeschnitzt aus Berchtesgaden« und sieht wunderschön aus. Es gibt die

Maria und den Josef, die Hirten, Schafe, Ochs und Esel und die heiligen drei Könige. Das Jesuskind liegt in einer kleinen Holzkrippe. Es ist aus Wachs und ganz zart. Man darf es nur ganz vorsichtig anfassen, damit es nicht warm wird und schmilzt.

Ich möchte auch mal so schön schnitzen können. Papa kann schnitzen. Er hat immer sein Taschenmesser dabei. Das ist wunderschön und glänzt wie Perlmutt. Vom Papa habe ich das Schnitzen bestimmt im Blut, das spüre ich genau. Ich habe auch ein Taschenmesserle, vom Blautopf. Aber das ist zu klein und zu stumpf. Ich wünsche mir vom Chrischtkindle ein richtig gutes Schnitzmesser. Dann schnitze ich mir einen Engel – wie in der Kirche.